AF409045

* 9 7 8 9 9 4 8 7 4 7 4 5 1 *

النَّفَسُ الأخيرُ

بدر هبُّول

# النَّفَسُ الأخيرُ

شعر

إصدارات دائرة الثقافة، حكومة الشارقة 2024 م

الناشر: دائرة الثقافة ـ حكومة الشارقة ـ الإمارات العربية المتحدة

الهاتف: 5123333 6 971+

البرّاق: 5123303 6 971+

الموقع الإليكتروني: www.sdc.gov.ae

البريد الإليكتروني: sdc@sdc.gov.ae



_______________

811.964

هـ ب. ن       هبول، بدر

النفس الأخير / بدر هبول .ـ الشارقة، الإمارات العربية المتحدة : دائرة الثقافة، 2024.

84 ص. ؛ 21x14 سم.

1 ـ الشعر العربي ـ المغرب ـ دواوين وقصائد

أ ـ العنوان

978-9948-747-45-1

العَذْرَاء

اكتـبْ لنفسكَ شـــاعراً       واكتـبْ لغيركَ مـــا يشاءْ

وارسـمْ لنفسكَ سلمـــاً       يدنيكَ من قطفِ السمـــاءْ

وانثـرْ رذاذكَ عـــاشقاً       فالحبُّ من لحنِ الوفــاءْ

واحمـلْ حروفـكَ بــاسماً       للكونِ فــي وجهِ البلاءْ

واخفـضْ جناحـكَ ناسكاً       فالكبرُ من شيمِ الشقـــاءْ

أَرْضٌ وَحُب

لِــــــي رحلتـــــانِ وهذا العمرُ لا يقفُ

بالحبِّ والشعرِ هَـــــذي الروحُ تَتَّصفُ


لا ظلَّ لــــي وحدهُ المعنـــــى يرافقني

تلك الظنـــــونُ مضت والسر ينكشفُ


طيفُ القداسـةِ قَدَّ الحــــلَمَ من دبرٍ

حزنـــــاً علــــى وطنٍ قد خانه السلفُ


إنـــي ولــــدتُ لأرض الشعر مفخرةً

طَاطَا بلادي، كذا لــــي الأصلُ والشرفُ

إنـــي قطفتُ ثمــار الفخرِ من زمنٍ
هذي الثريـــــا ونـــورُ الشعرِ يلتقفُ

إنـــي أتيتُ رسـولاً والمدى فرحي
أرضَ السلامِ، إلـــــيك الأرضُ تزدلفُ

ها جئتُ من وطني الأضـــــداذُ تكتبني
ثوبي السلامُ، وذي الأشعـــارُ والشغفُ

قد زارلكِ الحبُّ والأشعارُ بـــاسمةٌ
يـــا أرضَ مرحـــمةٍ بالخيرِ تتصفُ

إنِّــــــي ذكرتُكِ والأشـــــواقُ تـأسرني
يـــا جنَّةَ الله منكِ المـــــــاءُ يرتشفُ

قـلْ للتي جلسـتْ فـي النـاسِ تحضنني
أنت القصـــــيدُ وأنت الفخرُ والشرفُ

لا تحزنـــــي أبداً إذ أنت لــــي وطنٌ
قلبـــــي فداك وعمري مـــا به صلفُ

فـــالحبُّ أغنيةٌ والكـــــــونُ ينشدها
والشعرُ قـــــــافيةٌ لا مسّها الكلفُ

والعزُّ أبهــــى من الأعمــــارِ إن بقيتْ

والحب بـــــــاقٍ بها والطيبُ يقتطفُ


وا فرحتــــاهُ فكـم غنيتُ من حكمٍ

والخِبُّ عن حِكَمِ العشــــــاقِ ينصرفُ


حتى متـــــى بعدك القــاسي يراودني

فالبعدُ نــــارٌ على أضلاعنــا العجفُ


هَيْهَـــــــاتَ كيف النــوى يجتازنا زمناً

فــــي غفوةٍ لا يزال القــلبُ يرتجفُ

لا تقتلي أملـــــي، لا تكسري شجني

حَـــــيَّرتِ شعري ودمعُ العينِ ينتزفُ

استأنسَ القلبُ يـــــا محبوبتي فرحاً

يا نسمةَ الوردِ هل لـــي منك مرتشفُ

منك الوصـــــالُ قلبينا أيـــــا نفساً

يرجى فكم غاب عني، منك لـي الشرفُ

فالروضُ غنـــــى لنا واستأنستْ نطفي

والنخلُ يـــــأتي عفـــيفاً ذلك الأنفُ

# قَلَقٌ فِي وِجْهَةِ الرِّيح

خُذْ فــي حضوركَ قسطاً من معاناتِي
يَا ســـاكناً فرحِي رفقاً بأناتِي

خُـذْ من عيون الندى روحـــاً مدثرةً
يَـــا راحلاً أبداً صوبَ النهاياتِ

خُذْ من غيابكَ مــــا في الشـوقِ بوصلةً
تدنيكَ منـــــي إليَّ يا وعـدَ ميقاتِي

خُذْ من دليلكَ مـــــا ينجو الغريقُ بهِ
أنـــا الغريقُ وآيُ اللهِ مشكـــاتِي

أنـــا الغريبُ بأرضٍ لا ضيوفَ بها
أبكي الحنينَ أســـىً من فرطِ حاجاتِي

إنــــي الأسيرُ لها فـــي كل منزلةٍ
إنــــي الصريعُ بها فـــي كل غاليتِي

أحيـــا بنــــارٍ تَؤزُّ القلبَ مــن زمنٍ
لا ريحَ ملهمتي يدنـــو لرايـــاتِي

مـــا أطولَ الهجرَ مولاتي وسيدتِي
نصفِي لنصفي ونخبُ الحبِّ مأساتِي

يــــا من ظننتِ بوصـــلٍ كنتُ أذكرهُ
هذي الفراشـــاتُ ضاقتْ من مواساتِي

لا تُمعني فرحـــاً فـــي الهجرِ سيدتِي
إنــــي عشقتكِ يـــا نيلَ المسراتِ

هُزّي إلـــــيّ بجذعِ الحبِّ غـــــاليتِي
يَســـــاقطُ الحبُّ من عليـــاءِ نجماتِي

كونـــــي كظلِّكِ مزهـــواً بحكمتِه
كونـــي المســـاءَ وكوني نخبَ كاساتِي

في بـــــاب غربتكمْ نفسي مدثرةٌ
كالبدرِ فـــي قشبٍ في بـــاب مرآتِي

أضحى الغيـــابُ صديقاً ليس يتركنِي
ملء الحضـــــورِ لأنسى مر أوقـــاتِي

كيف الوصـــــالُ لقلب لست أصحبهُ؟
كيف الوصـــــالُ وسهد لَفَّ آهاتِي؟

كيف الوصالُ وهل لي منك من عوضٍ؟
كيف الخلاصُ أيــــا نبضاً لأبيـاتِي؟

يـــا لهفةَ الحبِّ بل يـــا شهقةً تعبتْ
مـــن رحلةٍ كتبتْ فـــي بحرِ زلاتِي

لا لفظَ يدنـــــيكِ من حلمٍ بــلا أملٍ
فالحب عــزمٌ أيـــا نَصَّ اقتباساتِي

فَخْرُ العَرَب

الصبحُ أشـــرقَ

بالأفـراحِ والحلُمُ

والكـونُ يشدو

وأرضُ الحبِّ والحرمُ

أبدعتُ يـا موطنـي

في العُربِ شعراً ولم

أجهل مضـامينَ قصدي

وهي تبتسمُ

بـانت عـيون المها

في الأفق تذكركمْ

يـــا عُربُ،

أجداد روحـي والورى قزمُ

حب البـــلاد مـن الإيمان منبعه

والعز مجدٌ

يلاقينا أيــــــــا بهم

إخوان...

فينا حروف الحب قافية

تغدو بها الأرض

روضاً يرتوي بكم

سيروا...

لكم ظفرٌ

من بعده ظفرٌ

فرسانُ فخرٍ

لكم في بحرنا حشمُ

لسنا كمن غادروا الأكوان من أممٍ

أضناهم نقض عهد الود

فانهزموا...

تبلى الخلافاتُ

بل تبنى العلاقاتُ

ما دمنا على الدربِ إخوان لنا الديمُ

كم تنصبُ الألفةُ البيضاء مرهفة

كاللحن تشدو به الأطيارُ والبهمُ

آمال وحدتنا

أغصان باسقةٌ

نصبو إليها

وموج الحب يلتطمُ

هذا أنا مغربي العزم منزلة

هذا أنا مؤمن

لي بينكم قلمُ

يمتد نهر من الألحان من وطني

غابت وماتت

به الظلماء والظلمُ

غيث الصمود

ينادينا أيا عربيْ

حفظ العهود

يلاقينا كذا الكرمُ

من أرض شنقيط

دام العلم منبعثاً

والشعر كان

وكم جادت به الديمُ

هذي الإمارات

بيت دام يجمعنا

والشعر فيها بهاء خطّه الحلمُ

ها دوحة الحب

في أقطارها فرح

في حسنها فكرة هامت بها الأممُ

إذ خلدت

في سماء الكون معلمة

وزادها رونقاً

بل حسنها الكرمُ

من تونس العاليةْ،

ورد تسامى لنا

في مصرنا

جرح أحفادي سيلتئمُ

نبني صروح المهابة

نبتغي يمناً

والشام عاشت

وتاج الظلم ينقصمُ

تمسي فوانيسنا للحب مرسلةً

من قدسنا

وجبال الروم تبتسمُ

ها قد أتتنا سمانا اليوم موعظةً

والنهر وصلٌ

من البحرين يرتسمُ

ليبيا هنا بيننا بالموت مثقلةٌ

تحبو،

وجند لها بالحب ما انقسموا

هذي الجزائرُ

فينا خير مدرسةٍ

أرض الشهيد

بها الأزمان تعتصمُ

بغدادُ فردوسُ فرسانٍ لها ألقٌ
فخراً وعزماً،
وجيبوتي لنا العلمُ
لبنان يحمي لنا الجولان أزمنةً
تعلو،
وعمانُ نصر ليس ينهزمُ
ميدانُ وحدتنا أركان قائمةٌ
في الأندلسْ،

بل وشهدُ الروح ينتظمُ

يا جدة الخير

يا عنوان أمتنا

شوقي إليك

ورغم الضعف يحتدمُ

تسابقت في الهوى

أرواحنا أملاً

لكي نزور مقاماً أرضه حرمُ

كنا ونبقى

على درب الكرامة ما

عشنا وتبقى المعاني.. بيننا أممُ

ضِفَّتانِ وَحُلُمٌ شَرِيد

في ضفتيْ بسمتي ألقيتُ مرساتِي

وارتــــاحَ من قلقي بحرُ المجازاتِ

لأنني وبما فــــي الروحِّ من هوسٍ

أفنيتُ زهرةَ عمري فــــي المتاهاتِ

وأيقنتْ فكرتـــي أني أُعـــاندَها

وأغتدي كيف مــــا شاءتْ صباحاتي

وأغتدي صوبَ حُلْمِــي العز يحملني

لوحـــــاً على موجةٍ من بحرهِ العاتِي

وأيقنتْ أننــــي طفلٌ أشـــاكسني

بضحكتي مثقلٌ رغمَ انكســـاراتي

وأنـــــــي قمرٌ فــــــي عمقِ ظلمته

وأنـــــــي شمسه رغمَ المعانـــاةِ

وأنني وبما فــــــي العيشِ من وجعٍ

تجتاحني بسمة تحيي الجمـــــادات

إني هنا كيفَ مَا شاءتْ حروفُ دمي

أجتثُ من تُربةِ الأحزانِ أبيـــــاتي

الحزنُ نِصفــي، ولكن ليسَ يهزمني
وضحكتي فكرتــــي في بحرِ أناتي

ما أجملَ الصبرَ والأيــــــــامُ تتعبنا
ما أجملَ الصبرَ، ضماداً لانكساراتي

ما أجمل الصبرَ إذْ يُرْسِي فضـــائله
كي نحتســـي نخبه حُلو النهـــايات

غَرَقٌ جَمِيل

لَمْلِمْ غِيَـــــابكَ زُرْ كالنُّـــورِ أَحْدَاقِي
بَلْ كُنْ جَميلاً وَخُذْنِـــي حَدَّ إغراقِي

وَكُنْ دوائِـــي فَـــإنَّ البُعْدَ يُتْعِبُني
بَلْ كُنْ شِفائي وَكُنْ فِـــي الحُبِّ ترياقِي

وَكُنْ لَبِـــــيباً فإنَّ الشِّعْرَ بوصلةٌ
تدنو القلــــــوب بها من بعد أشواقِ

وَكُنْ خفيفاً فروحِـــي عِطْرُ زنبقةٍ
وَكُنْ مجـــازاً وعَـــانقْ صُبْحَ إشراقِي

فإنني رُغْمَ مَـــــا في العُجْبِ يحملني
نَهْرُ القصـــائدِ كَيْ تَلْقَـــاكِ آفاقِي

يَا بَهْجَةَ الرُّوحِ، روحِــــي غَيْرُ نائيةٍ
هَذِي حُرُوفِي تُزَكِّـــــي نَبْضَ خَفَّاقِي

يَـــا جُذْوَةَ الشَّوْقِ يا أَنْوَارَ أَوْدِيَتِي
كُونِـــي رَسُـــولِي وَكُوني ذَاتَ أَطْوَاقِ

لا أَبْتَغِـــي سَفَراً مِنْ غَيْرِ أَشْرِعَةٍ
وَجْدِي شِرَاعِــــي وَشَوْقِي بَيْتُ إِنْفَاقِي

إنِّـــــي اسْتَكَنْتُ لَهُ، وَالرُّوحُ حَائِرَةٌ
إِذْ كُلَّمَـــــــا رُمْتُهُ أَقْرَرْتُ إِخْفَاقِي

فَعُدْتُ مُنْكَسِـــراً حُزْنِـــــي أَلَمْلِمُهُ
لا يهتـدي فِي الهوى بُرْكَـــــانُ أَعْمَاقِي

الشِّعْرُ مُعْتَصِمِـــــــي آوي لِسِدْرَتِه
عَلَّ القَصِيدَةَ تُحْيِي نِصْفِيَ البَـــــاقِي

مَقامٌ لِلشِّعْر

يَمْضِي الزَّمَـــانُ وعينُ الشِّعْرِ فِي أَلَقِ

ضَــاقَ الفَضاءُ وأرضُ الشِّعْرِ لَمْ تَضِقِ

إِنَّ القَصَـــائدَ فِي أوْطَــاننا صُحُفٌ

مَسطُــــورةٌ بِجِدارِ القلبِ وَالحدقِ

إِنَّ القَصَـــائدَ لَحْنٌ مِـــنْ عُروبتنا

مَنْقُـــوشةٌ بِدماءِ الحبِّ فِي الأُفُقِ

نَحْيَـــا بِهَا كَيْفَ مَا شَاءَتْ وَتَحْمِلُنَا

صَوْبَ البَهَـــاءِ هُدىً فِي لَحْظةِ الغَسَقِ

يَا شِعْرُ يَـــا جَذْبَةَ الأشواقِ فِي دَمِنَا

يَـــا حِكْمَةَ التِّيهِ، بَلْ يَـــا هَمْسَةَ القَلَقِ

# صُبْحُ القَصيدَة

مِنْ بَسمةِ الصُّبح قَطَّفْتُ قَــــافيتي

وَأَشْرَقَتْ من عُيُــــونِ الفَجْرِ أَسئلَتي


أَنَا القَصِيدُ الذي مَــا خَانَ من عَشِقوا

وَلا غَدرتُ، فصونُ العهدِ مِنْ صِفتي


أَنَا القَصيدُ وَنــــارُ الحُبِّ مِنْ شَجَري

قَدْ قُطِّفَتْ، وعُيــــونُ الشِّعرِ أَشْرعَتي


أَغــــدُو جَميلاً بِهَا فِـــي كُـلِّ مُرْتَحَلٍ

كَــــلحنِ أغنيةٍ مِـــنْ همسِ حنجرتِي

زَادِي حَنِينِي

بَانَ القَريبُ...

وكان الشِّعْرُ منطلقي

صَوْبَ القَريبِ

الذي حَنَّتْ لَهُ طُرقي

مُسْتَعْجِلاً...

عَلَّنِي ألْقَاهُ في أُفُقٍ

أو أنني ألْتَقِي بالوصلِ في الأفقِ

وَكَانَ زَادِي حَنِينِي

بَلْ طُفُولَتُنَا

وَضِحْكَةٌ عَانَقَتْ في لُطْفِها حَدَقي

خَفيفَةً...

كُلَّمَا زَارَتْ تُدَثِّرُني

وَتَحْتَوِي وَحْدَتي،

بَلْ تَحْتَوِي قَلَقي

سَأَكْتَفِي بِكِ شَوْقاً

يَا مُعَذِّبَتِي

يَا نَجْمَةً

مَا اهْتَدَى فِي لَيْلِهَا غَسَقِي.

قَمِيصُ المُحِب

قالتْ:

أحبكَ لفظٌ...

ليس يعنيني...،

إنْ ديْنكَ القربُ؛

هذا البعدُ من ديني

قالتْ:

وإني بِذِي الأشعارِ كافرةٌ

وأنتَ أنتَ...

بهذا الذكرِ توديني

قلتُ:

اعشقيني...

فهذي الأرض مذ خلقتُ

لم تعرفِ الحبَّ إلا بعدَ تكويني

قلتُ:

اعشقيني...

فإني جئتُ معترفاً؛

أن الصبابةَ في حُضْنَيْكِ ترميني

بل إنها وبما في الماء ترسمني

لحناً على شفتك...

هل أنت تسقيني؟

في كل مصرٍ

أراكِ.. وحدكِ قمرٌ

يا شهقةَ البعدِ

لِمَ التحنانُ يشجيني؟

أدمنتُ لونكِ يا...

طيفاً يشاكسني

أدمنتُ زهركِ يا أحلى بساتيني

أدمنتُ حبكِ يا...

كل النساءِ متى لحنُ القصيدةِ

من عينيكِ يدنيني؟

صَيَّرْتُ كل حروفي في الهوى رسلاً

هل هُدْهُدُ الحب بالأخبارِ يأتيني؟

أرسلتُ كل بشيرٍ

بالقميصِ فما زالَ القميصُ

على عهدي ليحييني.

# وَحْيٌ مِنَ الشَّوْقِ

لا لا تلمني...
ولا تحفل لمأساتي
إني الغريبُ
ودمع الشوقِ من ذاتي

إني النبي الذي:

قد صار مرتحلاً

صوب المتاهاتِ

في سفر الغياباتِ

إني الرسولُ الذي

لا شرع يحكمهُ

في شرعتي بسمتي،

وحيٌ من الآتي

أنا الذي غرقتُ

في الحب قافيتي

وأتعبتني صروفُ

الدهر مولاتي

أعدد كل قصيدي

كي أعانقها

لكنها رغم ما...

في الشوق لم تاتِ.

سِفْرُ الهِدَايَة

آتٍ عَلَى قَدَرٍ والليلُ فـــــي أَثَري

لَعَلَّني أَهْتَدي أَوْ يَنْتَهِـــــي سَفَري

آتٍ عَلَــــى قَدَرٍ والنَّجْمُ يَتْبَعُني

عَلَّ الهِدَايَةَ فِـي غُصْنٍ مِنَ الشَّجَرِ

آتٍ عَلَــى قَدَرٍ لا الصحب يؤنسني

وَلا الحَبيبُ يُدَاوي لَوْعَــةَ الضَّجَرِ

آتٍ عَلَى قَدَرٍ فِي التّيهِ مَسْـــــأَلَتي

لا أَرْتَجي خُطْوَةً مَــالَتْ عَنِ الظَّفَرِ

# الفهرس